DO DESENHO DAS LETRAS

ALBRECHT DÜRER

DO DESENHO DAS LETRAS

DO LIVRO III
DAS INSTRUÇÕES SOBRE A MEDIÇÃO
COM COMPASSO E RÉGUA EM LINHAS,
PLANOS E CORPOS SÓLIDOS
REUNIDAS POR ALBRECHT DÜRER
E PARA UTILIDADE DE TODOS
OS QUE AMAM AS ARTES
COM TODAS AS FIGURAS
CORRESPONDENTES
IMPRESSAS NO ANO
DE MDXXV
(COM PRIVILÉGIO IMPERIAL)

TRADUÇÃO, APRESENTAÇÃO E NOTAS
GUILHERMINA MOTA

ALMEDINA

DO DESENHO DAS LETRAS

AUTOR
ALBRECHT DÜRER

TRADUÇÃO, APRESENTAÇÃO E NOTAS
GUILHERMINA MOTA

DESIGN E PRODUÇÃO EDITORIAL
JOÃO BICKER/FBA.

EDIÇÃO
ALMEDINA

IMPRESSÃO E ACABAMENTO
NORPRINT

DEPÓSITO LEGAL
361730/13

ISBN
978-972-40-5258-8

©2013, FBA. | ALMEDINA

APRESENTAÇÃO

Do desenho das letras corresponde à tradução da última parte do Livro Terceiro da obra de Albrecht Dürer *Underweysung der Messung*[1], tratado de geometria e perspectiva em quatro tomos, publicado em 1525. Este famoso artista do Renascimento, natural de Nuremberga, cidade onde nasceu em 1471 e faleceu em 1528, expoente máximo da pintura alemã da sua época, distinguiu-se em diversas áreas, como a gravação em cobre e em madeira, a pintura e a ilustração, mas também como matemático e teórico da arte.

---

[1] *Underweysung der messung mit dem zirckel und richtscheyt in Linien ebnen unnd gantzen corporen* (Instruções sobre a medição com compasso e régua em linhas, planos e corpos sólidos), obra editada em Nuremberga em 1525, cidade onde se fará uma nova edição, a título póstumo, em 1538. Nesta última data, o texto contava já com uma tradução para latim vertida por Joachim Camerarius e publicada em Paris em 1532. Este livro não conheceu ainda qualquer versão em língua portuguesa. A presente tradução foi feita a partir da reimpressão fac-similada da edição de 1525, composta em caracteres góticos *fraktur*. 3.ª ed. Nördlingen: Alfons Uhl, 2000.

Nos últimos anos de vida, Dürer dedicou-se à elaboração de tratados teóricos, onde procurou divulgar todo o conhecimento que havia acumulado e que se alicerçava no saber colhido nos autores da Antiguidade Clássica, nas ideias dos artistas seus contemporâneos, sobretudo Italianos, e no muito que aprendeu pela experiência ao exercitar o seu ofício. Para além do trabalho citado, escreveu também um texto sobre fortificações[2], e outro sobre as proporções do corpo humano[3], pois as matérias que atraíam a sua curiosidade intelectual, como era timbre dos humanistas, abrangiam múltiplas áreas, como a matemática, a geografia, a arquitectura, a geometria e a fortificação.

Com a redacção desses textos, Dürer desejava materializar dois anseios que há muito acalentava: transmitir os fundamentos teóricos e as técnicas da sua arte a um universo alargado de aprendizes, ultrapassando as barreiras fechadas das corporações que tendiam a mantê-los em sigilo e, simultaneamente, ao introduzir a geometria, uma das artes liberais, no

---

[2] *Etliche underricht, zu befestigung der Stett, Schloß und flecken* (Alguns ensinamentos sobre fortificação das cidades, castelos e lugares). Nuremberga, 1527.

[3] *Vier bücher von menschlicher Proportion* (Quatro livros sobre as proporções do ser humano). Nuremberga, 1528.

mester do pintor, contribuir para que este passasse do estado de artesão à condição de artista.

O livro terceiro da obra *Underweysung der Messung*, aquele que tem um cunho mais prático, foi consagrado à aplicação dos princípios da geometria às tarefas concretas da arquitectura, da engenharia, da decoração e da tipografia. Ao abordar o processo de fazer as inscrições em colunas, torres ou paredes altas, forneceu indicações rigorosas sobre o modo de traçar as letras de forma matemática, a partir de linhas rectas e curvas e também de figuras geométricas, como quadrados, triângulos e círculos.

É certo que o desenho das letras tem neste estudo um carácter subsidiário em relação à geometria e à arquitectura, mas isso não significa que Dürer se não interessasse pelo tema em si mesmo. O seu contacto com o mundo dos livros e da escrita foi muito precoce. Logo aos 15 anos entrou para a oficina de Michael Wolgemut, na época o mais reputado pintor da sua cidade natal, onde se praticava em larga escala a xilografia, sobretudo destinada à ilustração de livros impressos, que tinham já muita procura. Acresce que, quando regressou da sua primeira viagem a Itália em 1495, instalou uma oficina própria onde retomou a sua actividade de xilógrafo, devotando-se inteiramente à arte do livro. As peças feitas com estas técnicas traziam mais vantagens do ponto de vista económico, pois eram pouco dispendiosas na fase de criação e fáceis de vender. A pintura ficava mais cara, tinha menos margem de lucro e dependia muito do gosto de quem encomendava. A atenção e o cuidado reservado às letras, contudo, não se manifestou apenas na tipografia, pois também as utilizou nas legendas que fazia nas suas pinturas e gravuras.

Dürer não é o primeiro autor a propor uma configuração geométrica para as letras do alfabeto latino e é, em grande medida, devedor dos mestres que o antecederam, embora não seja fácil estabelecer uma filiação directa. A primeira proposta dessas letras deve-se, provavelmente, ao veronês Felice Feliciano que, em 1463, escreve *Alphabetum romanum*, texto em que tenta reproduzir os caracteres que constavam das epígrafes das lápides que se encontravam em Roma e em outras localidades italianas. Cada letra é representada por um diagrama, inserido num quadrado, e acompanhada de uma curta descrição que continha as anotações do seu traçado. Surge depois o *Alphabet* de Damiano da Moile, redigido em 1480 e editado em Parma três anos depois, opúsculo em que o autor plasma o formato e disposição das letras versais romanas, também definidas num quadrado e com uma breve explicação. A questão é retomada por Fra Luca Pacioli, em *De divina proportione*, texto elaborado em Milão entre 1496 e 1498 e publicado em Veneza em 1509, que trata de proporções artísticas e matemáticas, mas contém um espaço destinado à composição das maiúsculas em caracteres romanos. Em 1514 é dado ao prelo, em Veneza, *Liber elementorum theorica et pratica [...] de modo scribendi fabricandique omnes litterarum species,* de Sigismundus de Fantis, obra pedagógica sobre tipografia e produção das letras que segue o mesmo modelo de execução.

As obras citadas exibem já imagens gráficas idênticas às usadas por Dürer que, nas letras romanas, introduz apenas uma pequena inovação ao separar o esquema e o desenho final da letra, tornando mais visível uma coisa e outra. A idealização das letras góticas, a textura, essa sim, é inteiramente nova. De Fantis também já as tinha considerado, mas servindo-se do sistema conhecido de inclusão das letras em quadrados e combinando linhas direitas e círculos. A metodologia concebida por Dürer baseia-se num sistema de módulos, pequenas unidades geométricas, sobretudo quadrados, que se vão juntando para gerar as figuras.

Ao contrário dos autores referidos que escreveram em latim, a língua erudita do tempo, Dürer optou por escrever em alemão, em parte porque era a única língua que dominava, mas também porque ambicionava que as suas reflexões fossem lidas com proveito pela gente dos ofícios e não só por artistas. Essa intenção estava, de resto, em harmonia com o pensamento reformador do tempo, pois Lutero efectuou uma tradução da Bíblia para vernáculo, com a finalidade de colocar a mensagem do texto sagrado ao alcance de todos. A utilização da língua alemã trouxe contudo alguns problemas na exposição, porque esta não estava preparada e não continha vocábulos que exprimissem alguns conceitos que faziam parte da organização teórica da geometria. Disso resultou que Dürer não tivesse um modelo a seguir, tendo de inventar a sua própria linguagem, misturando palavras eruditas provindas do latim como *Quadrat*, *Diameter*, *Driangel* com palavras alemãs de uso corrente. Algumas destas pertenciam à terminologia dos ofícios, e eram bem conhecidas dos artesãos, como *Vierung*, figura geométrica com quatro lados, outras provinham da fala do homem comum, como *halbes Mönlein* (meia lua)

Esta tradução tenta reflectir o vocabulário e a fraseologia do original, com o intuito de salvaguardar as características próprias do seu estilo e a substância histórica da obra. Trata-se de uma geometria aplicada aos problemas específicos com os quais os artesãos se confrontavam no labor quotidiano, quer fossem pintores, lavrantes, ourives ou marceneiros, se bem que seja muito mais que um simples conjunto de fórmulas. O seu objectivo era propor uma pintura de base matemática mas ao mesmo tempo difundir o seu saber. Assim, esta obra, e sobretudo o livro terceiro, é uma espécie de manual onde o que mais importa a Dürer é a clareza e não o recorte literário. Nela expõe de um jeito repetitivo os diferentes passos da construção proposta, como se se tratasse de um ensino oral que devia permitir aos aprendizes ir realizando à vez cada um dos elementos do projecto. Mantive pois, por exemplo, a repetição constante de *darnach* (em seguida). Decidi também não modernizar certas palavras ou expressões, como fui assinalando em notas, por exemplo, ângulo largo e não obtuso, chanfro e não enlace, traço direito e não haste, meio diâmetro e não raio, quadrado prolongado e não rectângulo, parecendo-me abusivo, porque anacrónico, utilizar uma terminologia que nessa altura não existia. Julguei mais adequado também conservar as expressões «para a frente» ou «anterior» e «para trás» ou «posterior», em vez de usar as expressões «para a esquerda» e «para a direita». Estas últimas talvez tornassem a leitura mais imediata, mas penso que trairiam a linguagem singular das oficinas, expressa num texto por vezes muito intrincado e cujo sentido, em certas passagens, só fica aclarado pelos desenhos que o iluminam.

FONTES CONSULTADAS

Arte da pintura, symmetria, e perspectiua. Composta por Philippe Nunes natural de Vila Real. Em Lisboa, anno 1615. Fac-simile da edição de 1615 com um estudo introdutório de Leontina Ventura. Porto: Editorial Paisagem, 1982.

BLUTEAU, Raphael – *Vocabulario portuguez & latino.* Coimbra; Lisboa: Collegio das Artes da Companhia de Jesus; Na Officina de Pascoal da Sylva, 1712-1728.

DÜRER, Albrecht – *Géométrie.* Présentation, traduction de l' allemand et notes par Jeanne Peiffer. Paris: Éditions du Seuil, 1995.

DÜRER, Albrecht – *Underweysung der messung mit dem zirckel und richtscheyt in Linien ebnem unnd gantzen corporen.* Reimpressão fac-similada da edição de Nuremberga de 1525, com uma introdução por Matthias Mende. 3.ª ed. Nördlingen: Alfons Uhl, 2000.

L' oeuvre gravé de Albrecht Dürer. Introduction d' Alain Borer. Notes et légendes d' Alain Borer et Cécile Bon. Paris: Bookking International, 1994.

PANOFSKY, Erwin – *La vie & l' art d' Albrecht Durer.* Traduit de l' anglais par Dominique Le Bourg. [Malakoff]: Hazan, 1987.

VASCONCELLOS, Joaquim de – *Albrecht Dürer e a sua influência na Península.* 2.ª ed. Coimbra: Imprensa da Universidade, 1929.

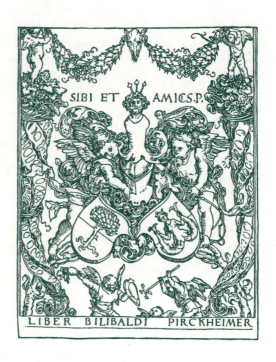

AO MEU PARTICULAR E QUERIDO AMIGO, Senhor Wilbolden Pirckheymer[1] eu, Albrecht Dürer, desejo saúde e felicidade. Generoso senhor e amigo, até ao presente, nos nossos países alemães[2], têm-se dedicado à arte da pintura muitos jovens talentosos que por formação apenas têm o que aprenderam na sua prática diária. Assim cresceram sem orientação tal como uma árvore silvestre que não foi podada. Se bem que alguns deles, através de exercício contínuo, tenham conseguido alcançar o domínio do desenho à mão livre e, é certo, executem as suas obras cheias de força, fazem-no de forma instintiva e apenas guiados pelo seu próprio gosto. Todavia, se

---

[1] O escritor humanista Willibald Pirckheimer (1470-1530), cidadão poderoso e influente da cidade de Nuremberga, foi amigo íntimo de Dürer que dele pintou vários retratos.

[2] A existência de estados independentes caracterizou a situação política do território alemão até à unificação do país levada a cabo no século XIX.

os pintores entendidos e os artistas autênticos virem tais obras feitas sem ponderação riem-se, e não injustamente, da cegueira dessa gente; pois nada é mais desagradável a uma inteligência verdadeira do que ver falsidade na pintura, mesmo quando esta foi feita com toda a aplicação. Mas a razão pela qual tais pintores se comprazem no erro reside apenas no facto de não terem aprendido a arte da medição, sem a qual ninguém é ou virá a ser um bom artesão; a culpa é, porém, dos seus mestres pois eles próprios desconhecem essa arte. Uma vez que ela é o fundamento verdadeiro de toda a pintura, resolvi fornecer uns elementos a todos os jovens que anseiam ser artistas e adiantar a razão por que devem adoptar a medição à régua e compasso e assim reconhecer a verdade autêntica quando a tiverem diante dos olhos, de maneira que eles não se limitem a querer ser artistas, mas possam atingir também um grande e verdadeiro conhecimento da arte. Não atribuo importância ao facto de algumas pessoas, entre nós e na nossa época, desprezarem a arte da pintura e considerarem que ela serve a idolatria[3], pois um cristão não é mais leva-

---

[3] Referência à posição doutrinal luterana que condenava a representação de imagens religiosas e sua veneração, consideradas manifestações de idolatria. Nesta passagem, Dürer estará a reagir, em concreto, contra o movimento iconoclasta desencadeado em 1522

do à superstição pela pintura ou pela imagem do que um homem piedoso é levado ao assassínio por trazer uma arma à ilharga. É preciso ser bem insensato para querer rezar a um quadro, madeira ou pedra. Aliás, a pintura traz mais benefícios do que prejuízos quando é bem executada, com honestidade e com arte. Os livros antigos dão bom testemunho sobre a honra e perfeição que esta arte conheceu entre os Gregos e os Romanos, se bem que ela depois se tenha completamente perdido e permanecido mil anos ocultada[4], e só há duzentos anos tenha sido trazida de novo à luz do dia pelos Velches[5]. Assim, a arte com muita facilidade se perde, mas é preciso muito tempo e esforço para voltar a encontrá-la. Por isso, espero que estas minhas orientações e instruções não sejam criticadas pelos conhecedores, já que são feitas com boa intenção e para vantagem de todos os que querem ser artistas, e espero que possam ser de utilidade não

---

em Wittenberg por Andreas Karlstadt, movimento muito criticado pelo próprio Martinho Lutero como prematuro e inútil. As diferenças de posição entre estes dois reformadores eram, contudo, mais de ordem estratégica do que teológica.

[4] A ideia de uma decadência das artes em tempos medievos é recorrente na visão histórica renascentista.

[5] Este nome de um antigo povo celta era usado pelos Alemães para designar depreciativamente os que eram estrangeiros, sobretudo Franceses e Italianos.

só aos pintores, mas também aos ourives, esculto-res, canteiros, marceneiros e a todos os que no seu ofício precisam de medida. Ninguém é obrigado a fazer uso destes meus ensinamentos, mas julgo que quem quiser segui-los não irá apreender apenas os elementos básicos, mas através da prática diária irá alcançar uma compreensão mais alargada, procurar mais e imaginar muito mais anotações do que as que eu indico. Como eu sei, generoso senhor e amigo, que vós amais todas as artes, com especial simpatia e afecto vos dedico este livrinho. Não penso que com ele vos vá revelar algo de grande ou excelente, mas penso que deste modo podereis compreender e ava-liar a minha afeição e boa vontade e, mesmo que a minha obra não vos seja particularmente útil, sabei que o meu coração está sempre pronto a retribuir de igual modo os favores e o amor que vós me dedicais.

[DO DESENHO DAS LETRAS]

Como os construtores, mas também pintores e outros, costumam fazer inscrições em paredes altas, é necessário ensinar-lhes a fazerem bem as letras, razão pela qual eu vou deixar aqui algumas indicações sobre isso, primeiro para escreverem um alfabeto latino, e depois uma textura[6], as duas escritas que por regra se usam em coisas semelhantes.

Para fazer a primeira, a das letras latinas, compõe para cada uma delas um quadrado[7] que as possa conter no seu interior, em seguida desenha as letras dentro dele de modo que a espessura dos seus traços mais grossos tenha um décimo do comprimento dos

---

[6] *Textura* é o nome dado ao tipo de letra gótica alemã caracterizada por forte angulosidade e quase ausência de curvas, de uso corrente entre os séculos XIII e XV. A letra latina é a escrita mais comum no Ocidente e deriva do alfabeto usado na antiga Roma.

[7] *Fierung* (ou *Vierung*), palavra pertencente à terminologia dos ofícios e utilizada pelos artesãos, designava uma figura geométrica com quatro lados, um quadrilátero, e não necessariamente um quadrado. Por essa razão Dürer, nesta primeira referência, explicita *rechte fierung*.

lados do quadrado e a dos mais finos um terço da espessura dos mais grossos; toma nota disto para as letras de todo o alfabeto.

Primeiro faz o a. do seguinte modo: marca os cantos do seu quadrado com a.b.c.d., e faz isso para todas as letras, e divide este quadrado com duas linhas cruzadas, a vertical e.f. e a transversal[8] g.h. Em seguida, coloca no quadrado em baixo junto de c. e d., dois pontos i. e k., à distância para o interior de um décimo do comprimento do seu lado; e desenha o traço fino da letra subindo no quadrado a partir do i., em seguida desenha o traço grosso vindo de cima para baixo, de modo que ambos os traços, pelo exterior, toquem nos dois pontos i. e k.; fica assim no meio um triângulo, e o ponto e. deve ficar a meio no cimo da letra. Em seguida une o a., debaixo da linha transversal g.h.[9], fazendo um traço que tenha um terço da espessura dos traços mais grossos. Em seguida, no cimo do traço grosso descreve para trás[10] um círculo que passe para fora do quadrado e corta a letra em cima com uma linha sinuosa de modo que

---

[8] Dürer não utiliza as palavras vertical e horizontal, mas sim *aufrecht* e *zwerch*.

[9] O texto diz por engano *g.i.*

[10] *Hindersich*. Deverá entender-se *para a direita*. É desta forma que Dürer indica sempre a direcção dos traços, mas só quando chega à letra P clarifica o sentido. Ver nota 35.

a cova se incline para o traço fino; e chanfra os traços da letra em baixo de ambos os lados, pela parte exterior, de maneira que toquem nos cantos c. e d. do quadrado, fazendo um arco de círculo cujo meio diâmetro[11] tenha um sétimo do comprimento dos lados do quadrado, e no interior deixa que eles entrem numa distância igual a dois terços da espessura dos traços mais grossos, fazendo em ambos os lados um arco de círculo cujo diâmetro seja igual à espessura dos traços grossos.

Item[12], também podes cortar este a. no cimo, pela pauta do quadrado, e chanfrar a letra de ambos os lados como acontece em baixo, de maneira que a parte mais longa esteja para a frente[13], mas em cima os traços devem ficar um pouco mais juntos. *Item*, tu podes fazer o a. ainda de outra maneira, ou seja, pontiagudo no topo, neste caso traça as linhas bem unidas uma à outra no cimo. Em seguida, baixa um pouco mais a linha transversal e duplica-lhe a espessura; tu podes também truncar o traço em cima ou prolongá-lo para a frente[14]. Destas três propostas

---

[11] *Halben Diameter*: expressão que respeitei não traduzindo por "raio".
[12] Palavra latina que significa *do mesmo modo*.
[13] *Foren*. Deverá entender-se *para a esquerda*. Ver nota 10.
[14] O texto original está interpolado; esta última parte encontra-se depois da que vem a seguir.

deves utilizar aquela que te parecer melhor e recor-
da-te bem da forma como chanfras esta letra a. em
cima e em baixo pois deves chanfrar de igual modo
as letras que se desenham com traços oblíquos, como
é o caso do v., do x. e do y., embora no caso destas com
algumas modificações, como verás mais adiante. E
esta letra está traçada a seguir.

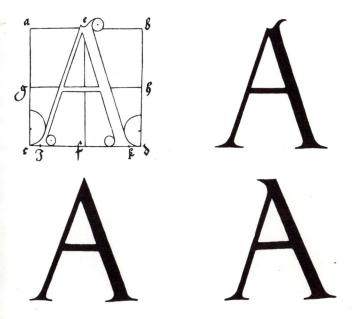

DEPOIS FAZ O B. no seu quadrado a.b.c.d. do seguinte modo: primeiro divide o quadrado em duas partes com uma linha transversal e.f.; em seguida divide a parte a.b. e e.f. com uma linha g.h. também em duas partes; em seguida coloca o primeiro traço grosso vertical da letra no quadrado de maneira a que a distância a que fica da linha a.c. seja igual à espessura do traço. Em seguida desenha uma linha vertical i.k. atrás do traço da letra e à distância deste, em direcção ao meio, de um décimo do lado do quadrado, e onde ela corta a linha g.h. coloca um l. Em seguida desenha os traços finos transversais donde partem as duas barrigas redondas desde o traço vertical da letra até à vertical i.k. sob a linha a.b., em cima, e sobre a linha e.f. e sobre a linha c.d. Em seguida coloca um compasso com um pé[15] no ponto l. e com

---

[15] *Fues.* Pé é termo usado na Época Moderna como mostra Filipe Nunes (autor importante no que toca à fixação do vocabulário da pintura em Portugal): *Arte da pintura, symmetria, e perspectiua. Composta por*

o outro pé descreve no interior das linhas transversais um semicírculo, de modo que ambos os extremos da linha circular toquem os traços transversais curtos na linha vertical i.k. situados sob a.b. e sobre e.f. Em seguida indica, com um ponto m., o meio do traço transversal estreito da letra sobre e.f. na linha i.k. Em seguida marca na linha g.h. atrás da linha circular a espessura do traço da letra com um ponto n. Em seguida desenha a partir do ponto m. e sobre e.f. uma linha transversal curta na direcção de f. tão comprida quanto necessário. Em seguida traça um meio círculo que parta desta linha, toque no n. e em cima a linha transversal a.b.; em seguida traça uma linha vertical passando pelo ponto n. que toque por dentro a cova da barriga e em cima a barriga pelo lado de fora. Em seguida desenha um traço transversal sobre c.d. em direcção a d. tão comprido quanto necessário; coloca aí um q. Em seguida divide m.q. em duas partes com uma transversal o.p. e onde ela e a linha n.[16] se cruzam coloca aí um r. Desenha em seguida um meio círculo que parta da transversal e.f. passando pelos pontos r. e q. Em seguida marca

---

Philippe Nunes natural de Vila Real. Em Lisboa, anno 1615. Fac-simile da edição de 1615 com um estudo introdutório de Leontina Ventura. Porto: Editorial Paisagem, 1982, p. 97.

[16] Subentende-se a linha onde se encontra o ponto n.

os traços grossos das letras com um ponto s. atrás do r. sobre a linha o.p. e descreve um meio círculo que vá da linha m.[17] pelo ponto s. até à linha c.d.; assim ficam na letra três ângulos[18]; mas no ângulo inferior faz uma concavidade traçando um círculo cujo meio diâmetro tenha dois terços da espessura do traço mais grosso da letra. Mas faz os chanfros[19] exteriores no cimo e no fundo do traço direito[20] da letra com um círculo cujo meio diâmetro seja igual à espessura do traço da letra.

Ou então faz o b. assim: divide o lado do quadrado a.c.[21] em nove partes e separa as quatro partes de cima com uma linha transversal e.f. Em seguida faz o traço vertical como foi descrito antes; mas faz a barriga de cima entre a.b. e e.f. e desenha a de baixo entre e.f. e c.d. Em seguida divide a.b. em nove campos e separa os quatro campos na direcção de b. com um ponto g. Depois divide c.d. em cinco campos e separa com um ponto h. o mais próximo de d. Em seguida traça uma linha g.h. de modo que essa linha possa tocar as barrigas de cima e de baixo, pelo

---

[17] Dürer por lapso diz linha, mas trata-se de um ponto.
[18] São, em bom rigor, quatro ângulos.
[19] *Ausschweyffung*. Hoje diríamos enlaces.
[20] *Geraden zug*. Hoje diríamos haste.
[21] No texto está *a.b.* O lapso foi corrigido na edição póstuma de 1538.

lado exterior, mas estas barrigas devem ser desenhadas de uma maneira especial e para fazer os traços redondos deve deslocar-se o compasso nas linhas oblíquas e essas duas linhas oblíquas devem fazer-se assim: divide a.e. em quatro campos e marca o mais próximo de e. com um i. Em seguida marca a quinta parte de e.c. com um ponto k. perto de c. Em seguida une i.b. e k.f. com linhas direitas, desloca o compasso nestas linhas e descreve as duas barrigas, a de cima e a de baixo, de maneira que a parte de cima seja mais grossa que a de baixo como acontece quando se faz à pena, e estas barrigas não serão bem redondas, porque tens de mover o compasso ao longo das linhas oblíquas, por isso ajusta-as depois com um traço à mão. Como eu o tracei a seguir.

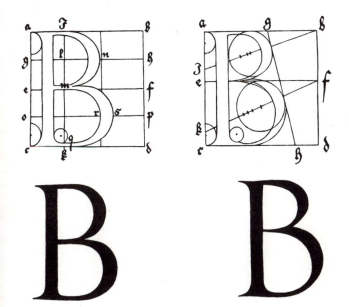

Em seguida faz assim o c. no seu quadrado: traça de um lado ao outro do quadrado, a meio, uma linha transversal e.f. e coloca um ponto i. a meio da linha e.f., a partir dele descreve um círculo que toque os quatro lados do quadrado a.b.c.d. Em seguida coloca o compasso, mantendo a abertura, na linha e.f. num ponto k. que fica para trás de i. a uma distância igual à espessura do traço mais grosso da letra, e descreve um outro círculo que ultrapasse a linha b.d., mas que confira à frente a espessura certa ao redondo da letra. Traça em seguida para a frente de b.d. uma linha vertical g.h. a uma distância de um décimo[22], e este traço corta esta letra c. em cima e em baixo como os antigos costumavam fazer, mas aqui eu quero que cortes a parte de baixo ao meio entre g.h. e b.d. Em seguida desenha à mão, no interior da letra, os

---

[22] Subentende-se um décimo da linha b.d, ou seja, um décimo do lado do quadrado.

traços mais finos, em cima e em baixo, no sítio onde os dois círculos se cruzam, de maneira que fiquem perfeitamente redondos, e faz também as redondezas no mesmo sítio, na parte de cima e de baixo da letra, nos lados do quadrado a.b. e c.d., mas em baixo onde a letra ultrapassa g.h. desenha a letra sob a linha circular de forma um pouco curvada, mas de maneira a que na ponta a sua extremidade continue a tocar a linha circular, do mesmo modo na parte de cima faz o interior um pouco mais cavado do que o traçado do círculo, assim as duas linhas circulares quase dão à letra toda a sua forma.

De outra vez, faz o c. assim: traça no quadrado uma diagonal[23] c.b. e coloca um compasso com um pé no ponto i. e descreve com o outro pé um círculo exterior como anteriormente e de modo a terminar em cima na extremidade da diagonal c.b. e em baixo deixa a linha circular ir um pouco mais longe do que em cima. Em seguida coloca o compasso, mantendo a abertura, com um pé sobre a diagonal, acima do i. e a uma distância dele igual à espessura do traço da letra e descreve com o outro pé um círculo interior, assim fica o traço em baixo mais largo que em cima,

---

[23] *Diameter*. Dürer utiliza esta palavra com o sentido de traço que divide ao meio, quer no caso das circunferências quer no caso dos quadrados.

como se fosse feito à pena. Em seguida desenha o resto à mão, e as extremidades da letra em cima serão inclinadas para diante e em baixo para baixo. Como a seguir está traçado.

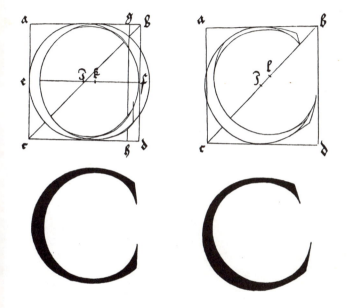

Faz assim o d.: divide o seu quadrado a.b.c.d., com uma linha vertical g.h. e uma linha transversal e.f., em quatro quadrados pequenos e coloca um ponto i. no sítio onde as linhas se cruzam. Em seguida desenha o primeiro traço grosso da letra baixando-o desde a linha a.b. até à linha c.d., e tão para trás da linha a.c. quanto a espessura do traço da letra, e chanfra o traço em cima e em baixo até tocar os cantos a. e c.[24] como descrevi acima para o b.; procede assim em todos os traços direitos das letras que se seguem. Desenha em seguida, a partir do traço vertical da letra, por baixo da linha a.b. e por cima da c.d. até à vertical g.h., os dois traços transversais finos, a partir dos quais o traço redondo da letra deve ser descrito em volta. Em seguida une g. f. h. com um compasso. Em seguida, na linha e.f., marca a maior espessura do traço da letra com um k., à frente do f. Em seguida

---

[24] No texto, por lapso, *a.* e *e.*

fecha o compasso à espessura do traço e coloca um dos pés no ponto k. e o outro na linha e.f. num ponto onde colocas um l., aqui deixas ficar o compasso imóvel e com o outro pé descreves em volta um arco de círculo, por dentro, a partir do ponto k. até aos dois traços finos da letra em cima e em baixo; e deixa o canto[25] superior pontiagudo mas cava o de baixo com um círculo que tenha a mesma dimensão que a utilizada para chanfrar o lado exterior da letra em cima e em baixo.

Faz o traço curvo do d. ainda de outra maneira, como se fosse traçado à pena, mais grosso em cima que em baixo; para isso traça uma diagonal c.b. e descreve o traço redondo exterior como fizeste antes; mas para traçar o interior coloca um ponto m., sobre a diagonal c.b., abaixo do i., a uma distância igual à espessura do traço da letra e com o compasso, mantendo a abertura, descreve a linha interior; mas, onde o traço deve ser fino, tens de desenhar à mão em baixo e em cima. Como está traçado a seguir.

---

[25] *Winckel*. Nesta passagem é preferível não traduzir por ângulo.

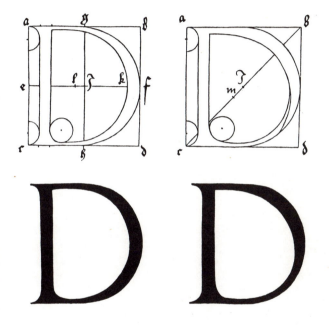

INSCREVE ASSIM O E. no seu quadrado: traça uma linha transversal e.f. mesmo a meio de a.b.c.d. Em seguida desenha o primeiro traço vertical grosso da letra, à frente, do mesmo modo que ficou descrito no d. Em seguida desenha o traço transversal fino superior da letra, debaixo da linha a.b., com o comprimento de seis décimos dessa linha menos um terço de um décimo, e faz o chanfro da extremidade deste traço, em baixo, com um décimo do comprimento de a.b. e o diâmetro do círculo que encurva a ponta com um décimo do comprimento de a.b. Em seguida faz o traço transversal fino do meio centrado sobre a linha e.f. de maneira que seja um décimo do comprimento de a.b. mais curto que o traço de cima e duplica a espessura na extremidade em relação ao superior e chanfra em cima e em baixo com um arco de círculo cujo diâmetro tenha uma sexta parte de e.f., mas faz o traço transversal fino inferior sobre a linha c.d. de maneira que ele ultrapasse com o seu canto inferior o traço superior transversal em um décimo do comprimento de c.d. e a ponta curva-a ainda para trás dois terços de um décimo e para cima uma sexta parte do comprimento de c.d. e chanfra-a com um arco de círculo cujo meio diâmetro tenha uma sexta parte de c.d.

Item, cava o canto inferior da letra com um arco de círculo do mesmo tamanho que o utilizado para chanfrar o traço transversal do meio; os outros cantos deixa-os ficar pontiagudos. Como a seguir está traçado.

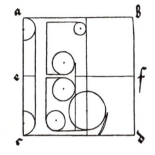

E

ITEM, FAZ O F. da mesma maneira que o e., elimina apenas o traço transversal inferior e chanfra a letra em baixo de um lado, como fizeste antes no outro. Como eu a seguir o tracei.

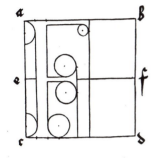

F

Item, faz o g. da mesma maneira que foi descrita atrás para o c.; eleva apenas o traço grosso da letra, à frente da linha g.h., a direito, desde o arredondado até à linha e.f., e chanfra-o em cima como aprendeste antes, mas em baixo deixa ficar o canto e o ângulo. Ou então faz o g. assim: no quadrado já dividido, traça uma diagonal c.b. e coloca um pé do compasso no ponto i. e com o outro descreve um arco de círculo desde e. até ao meio de c.d. e aí põe um l., em seguida descreve um outro também desde e. para cima, passando junto à linha a.b., e até à vertical g.h. e aí põe um z. Em seguida coloca na linha g.h. um ponto [m.[26]] à distância de um décimo do comprimento de g.h. e une l.m. à mão com uma curva. Em seguida traça a partir de z., para cima, uma linha oblíqua com um comprimento igual à espessura do traço da letra, e inclina a linha a meio entre a linha circular

---

[26] Este *m.* está omitido nesta edição de 1525, mas figura na de 1538.

e a vertical g.h. e traça à mão uma linha curva desde esta extremidade até à linha a.b., no sítio em que a linha circular a toca. Em seguida divide, em baixo, com um ponto n., a terça parte de g.h.; eleva até essa altura o traço vertical grosso a partir do m., e faz os chanfros em cima com o dobro da largura do traço. Em seguida coloca um pé do compasso na diagonal c.b., acima do ponto i., e a uma distância dele igual à espessura do traço mais grosso da letra, e com o outro pé descreve, com o comprimento de e.i., uma linha circular que toque em cima a linha circular exterior e termine em baixo sobre o l. Em seguida traça à mão a linha que vai até ao traço vertical grosso, à altura do m., e traça também à mão, em cima, o traço mais fino da letra. Como a seguir está traçado[27].

---

[27] Na edição original, os desenhos encontram-se trocados em relação ao texto.

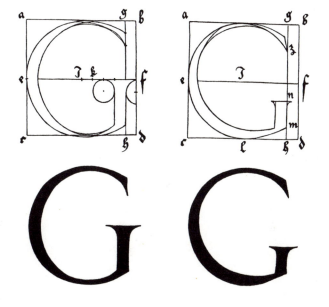

ITEM FAZ O H. no seu quadrado com dois traços verticais dos mais grossos desenhados a toda a altura do quadrado, de maneira que os seus chanfros exteriores toquem os quatro cantos do quadrado a.c. e b.d., e deves chanfrar os traços verticais grossos da letra em cima e em baixo de ambos os lados de acordo com as instruções que já recebeste, pois em todas as letras os traços grossos verticais terminam em cima e em baixo com um chanfro três vezes mais largo que o seu meio, desde que nenhum traço mais fino aí se venha juntar; feito isto, desenha o traço transversal fino entre as verticais, a meio, na linha e.f. Como abaixo está traçado.

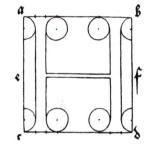

Faz o I. com um traço grosso, a meio do seu quadrado, de maneira que toque este em cima e em baixo e chanfra-o em cima e em baixo. Como a seguir está traçado.

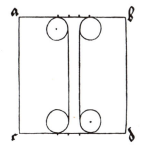

I

Baixa o primeiro traço do k. no quadrado, à frente, com a mesma medida com que fizeste o traço da frente do h. Em seguida desenha o outro traço, fino, a partir do traço vertical grosso, de maneira que ele toque em baixo a linha transversal e.f. a meio do quadrado, mas inclinado para cima e para trás até a.b., e paralelo à diagonal traçada para a direita[28], mas faz o chanfro, em ambos os lados, no cimo deste traço, na transversal a.b., com um décimo do comprimento de a.b., e o chanfro para a frente fá-lo com um arco de círculo cujo diâmetro não seja maior que a espessura do traço fino, mas o diâmetro do outro círculo, com o qual tu chanfras o outro lado, deve ter o dobro do comprimento que tinha o das linhas

---

[28] Entenda-se a diagonal traçada desde o canto inferior esquerdo até ao canto superior direito.

circulares com que foram chanfrados os traços verticais mais grossos. Em seguida baixa, a partir deste traço fino, o traço grosso inferior, de maneira que ele também fique paralelo à diagonal do quadrado[29] e tenha o seu começo no ângulo agudo que o traço fino forma com o traço grosso vertical, e desenha-o, da seguinte maneira, com o seu chanfro, até ao canto d.: coloca, à frente deste, dois pontos na linha c.d., o primeiro a uma distância de um décimo de c.d. e o segundo a igual distância do primeiro, e desenha o traço grosso no espaço entre os dois pontos com linhas auxiliares[30], mas em seguida deves chanfrar este traço e para isso faz assim: coloca um ponto g. na linha e.f. a uma distância de f., para a frente, igual à espessura do traço fino da letra, depois coloca aí um pé de um compasso e o outro no ponto d. e descreve a partir daqui através do traço auxiliar grosso de maneira que esta linha forme a redondeza inferior da cauda, mas o chanfro de cima faz da maneira seguinte: divide ao meio f.d. com um ponto h. e coloca aí um pé de um compasso e com o outro descreve,

---

[29] Subentende-se uma diagonal que vá do canto inferior direito ao canto superior esquerdo. A edição latina de 1532 tem traçadas as duas diagonais referidas (edição que seguiu anotações deixadas pelo pintor).
[30] *Plintrissen*. À letra, traços cegos.

para a frente, a partir de d. uma linha circular até ao traço grosso.

Ou então faz o k. da maneira seguinte: primeiro deixa ficar como estão o traço vertical e o traço fino oblíquo superior, deixa apenas, em cima, o traço fino formar por dentro um canto com a linha a.b., mas por fora, na direcção de b., chanfra-o como fizeste antes. Em seguida baixa o traço grosso oblíquo, a partir do canto formado pelo traço grosso vertical e pela linha transversal e.f., até à transversal c.d. de maneira que entre o d. e a extremidade do traço haja uma distância igual à espessura do traço grosso, e deixa ficar o canto no interior, mas chanfra um pouco na direcção de d. Como a seguir está traçado.

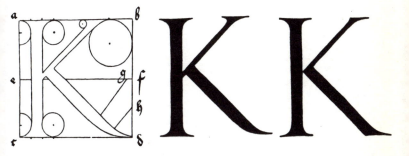

E FAZ O L. a partir da combinação de duas letras diferentes já apresentadas, a saber, faz o traço grosso vertical como foi indicado antes para o i. e depois coloca em baixo o pé da letra e. como foi feito antes, foi deste modo que tracei o l. seguinte.

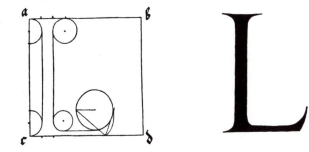

Faz o m. de duas maneiras no seu quadrado a.b.c.d., primeiro desenha o traço vertical estreito da letra, para trás de a.c., a uma distância de um décimo do comprimento de a.b. Em seguida faz o outro traço grosso, à frente do lado b.d., a um décimo do comprimento de a.b., de modo que eles toquem no quadrado em cima e em baixo. Em seguida divide a linha c.d., entre os dois traços da letra, e no meio de ambos, com um ponto e., e faz um traço grosso descendo, a partir do canto superior da frente do traço fino, até ao ponto e. Em seguida desenha o traço fino desde e. até alcançar o canto da frente do traço vertical grosso e não chanfres em cima os cantos interiores da letra, mas chanfra os exteriores, assim como os dois traços verticais, em baixo, de ambos os lados, como aprendeste para letras anteriores. Anota também que esta letra, se for traçada à pena, deve ser feita de um só traço, mas para benefício da tua aprendizagem desenhei a seguir esta letra, de acordo com o que fica dito.

A outra proposta: divide o lado a.b. do quadrado em seis campos iguais e separa os dois campos extremos de ambos os lados com dois pontos f. e g., a partir daqui desenha o traço grosso interior com a extremidade no ponto e. como fizeste antes, e a partir daqui desenha de novo o traço fino para cima, de modo que fique um campo vazio entre f. e g., assim a letra fica mais ampla. Em seguida deixa ficar em cima os dois traços dos lados como fizeste antes, o da frente, fino, e o de trás, grosso, mas em baixo prolonga-os até aos dois cantos c. e d. Em seguida faz os chanfros tal como aprendeste para o m. de cima, mas com os chanfros a ultrapassar o quadrado, em baixo, junto do d.[31]

Ou faz o m., em cima[32], com cantos pontiagudos, caso em que os traços dos lados se inclinarão mais um para o outro, ou trunca os traços em cima; utiliza aquele que te agradar mais. Como tu vês em baixo traçado.

---

[31] Dürer não refere o *c.* do outro lado.
[32] Trata-se da segunda proposta desenhada a negro no esquema.

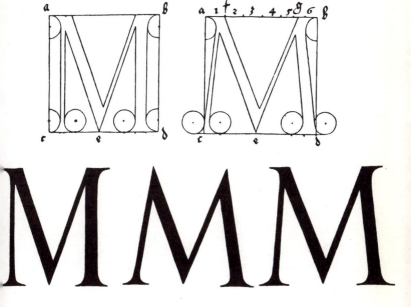

Item faz assim o n. no seu quadrado: primeiro, desenha os dois traços verticais finos de maneira que toquem o quadrado em cima e em baixo, e os seus chanfros atinjam, no traço anterior em baixo, e no traço posterior em cima, os cantos c. e b.[33]. Em seguida une com um traço grosso oblíquo os dois traços finos desde o ângulo a. até ao ponto e. que marca o traço fino posterior; aqui deixa ficar um canto pontiagudo, mas em cima chanfra para fora o traço grosso à frente do canto a. até um quinto do comprimento de a.b., este chanfro deve ser encurvado para baixo na décima quinta parte do comprimento de a.b., feito com duas linhas circulares diferentes, uma pequena em cima, e uma maior em baixo, para o diâmetro do círculo mais pequeno toma um quinto do comprimento de a.b. e coloca o centro fora do quadrado, de modo que toque quer a extremidade

---

[33] No texto está *c.d.* O lapso foi corrigido nas edições de 1532 e de 1538.

do chanfro quer o canto a. Em seguida abre o compasso um pouco mais e desloca o centro até que a linha circular toque a extremidade do chanfro e o traço grosso oblíquo da letra, no meio, entre o lado a.c. e o traço fino anterior.

Ou então faz o n. de modo a que o seu chanfro anterior, em cima, fique dentro do quadrado, ou faz dele um canto pontiagudo. Como adiante está traçado.

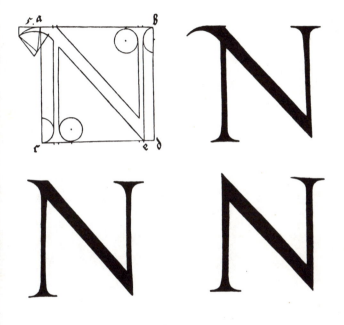

Faz assim o o. no seu quadrado: traça no seu quadrado uma diagonal c.b., e divide-a ao meio com um ponto e., e marca a espessura do traço grosso da letra com dois pontos f. e g. no meio da diagonal para ambos os lados a partir de e.[34] que passam a ser dois centros, e descreve a partir de cada um deles um círculo que toque dois lados do quadrado e, onde os dois círculos se cruzam, desenha à mão da forma mais correcta a espessura mais fina dos traços da letra. Como adiante está traçado.

---

[34] No texto está *i*. O lapso foi corrigido nas edições de 1532 e de 1538.

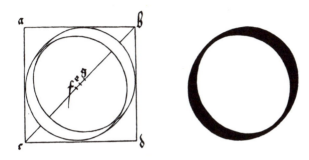

Faz assim o p. no seu quadrado: divide o quadrado a.b.c.d. com uma linha transversal e.f. pelo meio. Em seguida divide a.b. e e.f. com uma linha transversal g.h. também pelo meio. Em seguida desenha o primeiro traço vertical grosso do p. com a mesma medida utilizada antes para o k. Em seguida desenha para trás do traço grosso, entre a.b. e e.f., uma linha vertical i.k., a uma distância igual à espessura do traço da letra, e toma nota que, no quadrado em que se escreve a letra, se chama sempre anterior ao canto a. e posterior ao b.[35], depois coloca um l. onde i.k. corta a linha g.h. Em seguida desenha em cima os dois traços transversais finos, sob a.b. e sobre e.f., a partir do traço vertical grosso até à linha i.k. e coloca um compasso com um pé no ponto l. e o outro em baixo no traço transversal fino e descreve um arco

---

35 Dürer explicita aqui pela primeira vez a convenção usada desde o início: *heyst das eck .a. fornen und das .b. hinden.* Ver nota 10 e 13.

de círculo, a partir daí para trás, através da linha g.h. até ao outro traço transversal fino do p. e onde se cruza com g.h. coloca um m. Em seguida marca, com um ponto n., a espessura maior do traço da letra, na linha g.h., atrás do m. e abre o compasso de modo a que os seus pés toquem a linha a.b. e o ponto n. Em seguida deixa ficar um dos pés do compasso no ponto n. e coloca o outro na linha g.h., à frente, num ponto o., depois deixa ficar aqui um pé do compasso e com o outro descreve um arco de círculo que vá da linha a.b. à e.f. passando pelo ponto n. Ou então faz o gancho da letra da maneira seguinte, coloca um pé do compasso abaixo da transversal g.h. sobre a linha i.k. num ponto p. situado a meio entre a transversal e.f. e o bordo inferior do traço fino transversal do topo da letra e descreve com o outro pé um arco de círculo que volta a passar por m. como se fez antes, assim o gancho da letra fica mais pontiagudo em baixo; esta ponta deve terminar, na parte inferior, a meio entre i.k. e o traço vertical grosso da letra.

Ou então faz o traço curvo do p. deslocando o compasso ao longo do diâmetro, de maneira que o traço fique mais grosso em cima como se fosse feito à pena. Como está traçado adiante no outro alfabeto[36].

---

[36] Penso que se refere ao desenho da página 127.

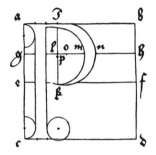

P

Faz o q. no seu quadrado da mesma maneira que foi feito antes o o., mas desenha-lhe uma cauda como se segue: traça no quadrado uma diagonal a.d., acrescenta-lhe, em baixo e para o lado de fora, a partir do traço redondo da letra, uma longa cauda que passe através do canto d. de modo que este fique a meio da espessura da cauda e faz esta no princípio um pouco mais fina do que no canto d. onde deverá ter a sua verdadeira espessura. Em seguida, prolonga-a para baixo, e para fora, a partir do canto d., numa extensão igual a toda a diagonal, de modo que ela vá curvando à medida que desce e que a sua extremidade não exceda, em mais de um terço da altura do quadrado, a linha inferior deste, e deve ser traçada de modo a ir ficando cada vez mais fina e acabar, na extremidade, num traço muito fino.

Ou então faz o q. com a cauda mais curta, da seguinte maneira: coloca o compasso com uma abertura igual ao comprimento c.d. e descreve a cauda a partir do traço redondo exterior; a primeira linha, com um comprimento igual a c.d., passa pelo ponto d. e de modo que a cauda se incline de novo para cima até à altura de c.d. e marca esse ponto com um h. Depois desloca o compasso e com o outro pé descreve um arco de círculo de novo a partir do traço redondo da letra passando por baixo do d. até atingir novamente o ponto h., de modo que a cauda tenha a sua espessura mais grossa no início, como está traçado, de forma dupla, na primeira figura que se segue.

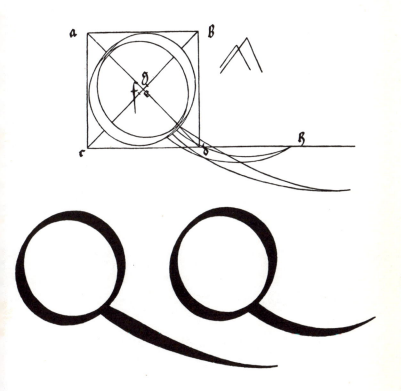

Em seguida faz o r. no seu quadrado do mesmo modo que o p. da primeira descrição. Depois traça uma linha vertical q.r. ao meio do quadrado, e coloca um s. onde ela corta o traço redondo exterior, a partir deste mesmo ponto faz um traço grosso para baixo em direcção ao canto d. quase igual ao traço da letra k. que fizeste antes, embora deva ficar um pouco curvado para dentro. Por isso deves fazer este traço à mão e o seu chanfro bem proporcionado com a ponta a tocar o ângulo d.

Ou então faz o r. de modo que o seu traço curvo fique grosso em cima e estreito em baixo, como se fosse feito à pena; para conseguir isso o compasso deve deslocar-se na diagonal e o traço curvo não deve tocar no traço vertical, tal como se descreveu para o p.; o traço oblíquo que parte do traço curvo também deve ser feito um pouco metido para dentro. Como eu o tracei a seguir.

Item faz assim o s. no seu quadrado a.b.c.d.: primeiro traça a linha transversal média e.f. e uma vertical g.h. e, ao meio, onde as duas se cruzam, coloca um m. Em seguida fixa a espessura maior do traço da letra e marca-a sobre a linha g.h. de forma que o ponto m. corte em baixo um terço desta espessura. Em seguida marca a espessura mais fina do traço da letra com dois pontos, com um i. por baixo do g. em cima e com um k. por cima do h. em baixo, e marca a espessura da letra em cima com um n. e em baixo com um l. Em seguida coloca o compasso com um pé sobre a linha g.h. ao meio entre i. e n. e descreve com o outro pé um círculo que passe por i. e n. Em seguida, coloca então o compasso com um pé sobre a linha g.h. ao meio entre g. e l. e descreve com o outro pé um círculo que passe por g. e l. Em seguida coloca então o compasso com um pé sobre a linha g.h. ao meio entre n. e h. e descreve com o outro pé um círculo que passe por n. e h.[37]. Então coloca o compasso com um pé sobre a linha g.h. ao meio entre l. e k. e descreve com o outro pé um círculo que passe por l. e k. Em seguida corta verticalmente o traço superior da letra, de forma que esta secção, na extremidade da letra, tenha a espessura máxima e mais um terço e que a ponta fique à altura média entre i. e n., por isso esta ponta deve ser traçada para trás, a partir do círculo i.n. até ao primeiro terço entre o círculo mais pequeno e o maior. Em seguida corta a letra em baixo na frente com uma linha vertical traçada a meio entre os dois círculos e esta secção tem mais um quarto de espessura do que a secção posterior de cima e a sua extremidade fica a meia altura entre n. e h.

Faz o s. ainda de outra maneira. Coloca a meio do quadrado a.b.c.d. um ponto m. sobre a linha transversal e.f. Em seguida põe um compasso com um pé no meio de g.m. e com o outro descreve um arco de círculo g.m. na direcção de a.e. Em seguida põe o compasso no meio de m.h. e com o outro pé descreve um arco de círculo m.h. na direcção de f.d.; estas duas linhas curvas formam, à frente em cima e atrás em baixo, os traços curvos exteriores do s.

---

[37] No texto está *k*. O lapso foi corrigido nas edições de 1532 e de 1538.

Em seguida traça uma diagonal c.b. passando a meio pelo m. e marca a espessura máxima de traço com dois pontos p. e q. e a partir deles traça duas linhas rectas uma para cima e outra para baixo até cada um dos arcos. Em seguida traça duas paralelas a partir dos pontos p. e q. uma para cima e outra para baixo por dentro de ambos os arcos até à cova e baixa em ambos o centro dos arcos. Em seguida marca a espessura mais fina da letra com dois pontos, um por baixo do g. e outro por cima do h. e a partir daí traça à mão a forma interior do s. tanto em cima como em baixo e prolonga o traço do s. em cima na direcção de b. e corta o traço de maneira a que a extremidade inferior toque o arco de círculo e que em cima a secção tenha de largura um décimo do comprimento de a.b. e que o arco de círculo passe para lá do corte. Em seguida coloca uma linha vertical r.s. atrás de e.c., à distância de um quinto do comprimento de c.d., e coloca um t. onde esta corta a diagonal. Neste mesmo canto traça a extremidade da letra e faz a secção com mais um terço de espessura do que em cima, para isso deves ir um pouco mais para além do t. Da maneira como eu o tracei a seguir.

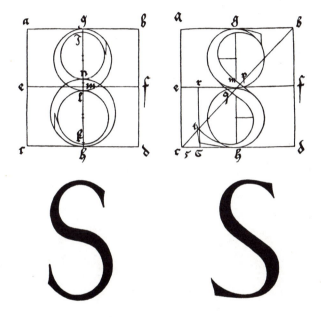

Coloca o t. na vertical a meio do seu quadrado e chanfra-o em baixo de ambos os lados, como foi feito antes para o i.; em seguida, à distância de um décimo do comprimento de a.b., coloca dois pontos, um ponto e. atrás de a. e um ponto f. à frente de b.; com o mesmo comprimento faz o traço transversal da letra abaixo da linha a.b., mas os lados desse traço transversal devem ser ambos chanfrados e cortados obliquamente, e devem ser prolongados em cima para lá da linha a.b. e inclinados para trás; e faz estes cortes de traços oblíquos com o comprimento de um quinto do comprimento de a.b. Em seguida faz os chanfros com dois círculos diferentes, para o ângulo estreito utiliza um diâmetro que tenha dois terços da espessura máxima da letra. Mas para o ângulo mais largo faz o diâmetro com o comprimento igual à parte do lado do quadrado que começa junto do traço espesso da letra.

Ou faz o t. da seguinte maneira no seu quadrado: põe o ponto e. atrás do a., como fizeste acima, e corta o traço transversal da letra com um oblíquo, como também fizeste, mas o chanfro agora deve ter metade da espessura que tinha antes e no topo deve ficar um canto simples; faz o mesmo também do outro lado, mas deves colocar o ponto f. duas vezes mais perto de b. e fazer o corte com o seu chanfro mais direito e mais grosso do que o da frente; o resto das coisas deixa ficar como antes. Como eu o tracei a seguir.

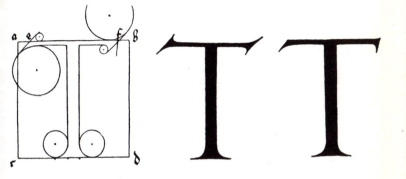

Faz assim o v. no seu quadrado: divide c.d. ao meio com um ponto e. Em seguida coloca um ponto f., atrás de a., à distância de um décimo do comprimento de a.b., e à mesma distância coloca um ponto g. à frente de b. Em seguida faz o traço grosso da letra a partir de f. para baixo com a sua extremidade em e. e a partir daí faz o traço fino para cima com a ponta em g. e chanfra o traço em cima como foi descrito antes para chanfrar o a. em baixo. Como está traçado a seguir.

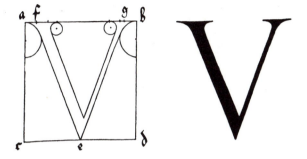

Faz o x. assim: traça duas linhas verticais e.f. e g.h., a uma distância de um décimo do comprimento de a.b., respectivamente atrás e à frente dos lados a.c. e b.d. Em seguida faz os dois traços cruzados da letra, o grosso de forma a que o e. toque à frente em cima e o h. atrás em baixo, mas faz o traço fino de forma a que o g. toque atrás em cima e o f. à frente em baixo. Em seguida chanfra os traços em cima e em baixo, de forma a que toquem os quatro cantos a.b.c.d. e faz o meio diâmetro do círculo maior com o comprimento de um quinto de a.b. e chanfra com ele os quatro ângulos mais largos, mas faz o diâmetro do círculo mais pequeno com o comprimento de dois terços da espessura máxima do traço.

Ou então modifica o x. assim: deixa ficar todas as coisas como antes, endireita apenas o traço fino, em cima, em metade da espessura do traço grosso da letra de modo que a parte de cima fique mais pequena e mais estreita do que a de baixo, e a letra terá um aspecto diferente da anterior. Como está traçado a seguir.

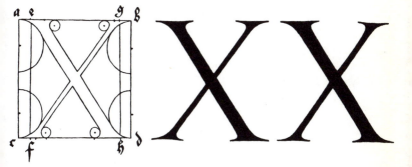

Faz o y. a meio do seu quadrado, a metade inferior como se descreveu antes para o i., mas fende a metade superior em duas partes de modo que a metade anterior tenha dois terços e a posterior um terço do traço grosso da letra e inclina ambas as partes dos dois lados de modo a que os chanfros atinjam os dois cantos a. e b. e faz o círculo maior, com o qual deves chanfrar os ângulos largos, com um diâmetro igual à largura do campo do quadrado ao lado da letra[38], mas faz o diâmetro do círculo nos ângulos mais pequenos um pouco mais largo do que o traço do lado correspondente. Como está traçado a seguir.

---

[38] O texto é pouco claro nesta passagem. Subentende-se "um diâmetro com um comprimento igual à distância que vai desde o lado do quadrado até à haste da letra".

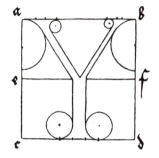 

A SEGUIR FAZ ASSIM O Z. no seu quadrado: coloca em ambas as linhas[39] por baixo e ao lado do canto a. dois pontos e. e f. à distância de um décimo do comprimento de a.b., coloca também outros dois pontos g. e h., a igual distância, à frente e por cima do canto d. e une a direito e.f. e g.h. Em seguida faz o primeiro traço fino por baixo de a.b. a partir de f. para trás até ao canto b., a partir daí faz o traço grosso oblíquo até ao c. Em seguida faz o traço fino entre c. e g. Em seguida chanfra à mão as duas extremidades e. e h.

Ou então faz o z. assim: corta o quadrado a.b.c.d. com uma linha vertical e.f. e traça de novo a letra z. no interior como fizeste antes, mas de maneira que os dois traços transversais sejam truncados em cima à frente e em baixo atrás com as verticais a.c. e e.f. Como está traçado a seguir[40].

---

[39] Subentende-se as duas linhas que se cruzam no canto a.
[40] No texto original, os dois desenhos da letra Z encontram-se trocados em relação ao esquema.

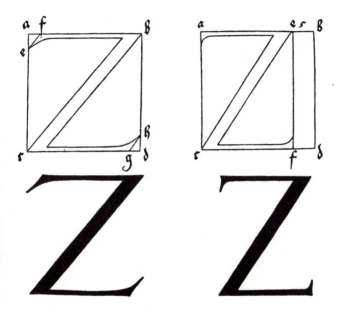

ITEM TODAS ESTAS LETRAS, que demonstrámos com dez larguras de altura, podem ser feitas da mesma maneira com nove larguras de altura e devem ser divididas na mesma proporção de nove partes no seu quadrado a.b.c.d., como antes em dez. Para ser mais bem compreendido, eu tracei a seguir as letras feitas assim.

Também se podem fazer as letras com cinco larguras de altura, quando se escrevem, pequenas, à mão.

Nesta escrita fazem-se as versais[41] com a mesma proporção e forma, mas um terço maiores do que a linha da escrita comum.

---

[41] Letras capitais, em corpo maior do que o do texto.

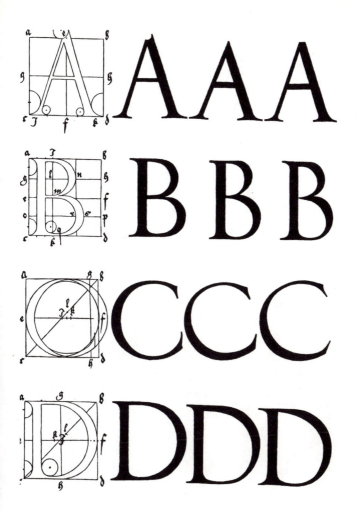

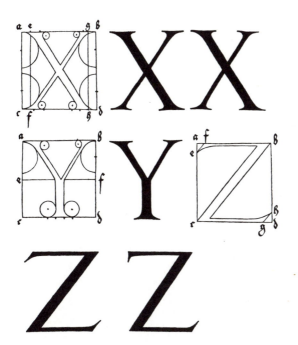

A ANTIGA TEXTURA escrevia-se aproximadamente da mesma forma com que eu também vou escrever em seguida, embora agora se faça de uma maneira diferente[42]. E ainda que o alfabeto comece a escrever-se com o a., por boa razão decidi fazer aqui primeiro o i. uma vez que quase todas as letras podem ser feitas a partir dele, ou acrescentando ou tirando alguma coisa.

Primeiro faz o i. com quadrados, colocando três deles sobrepostos ao alto[43], e divide com dois pontos o lado superior do quadrado de cima e o inferior do de baixo cada um em três campos iguais. Em seguida coloca em cima um quadrado com a mesma medida, inclinado, com a diagonal na vertical, e com o canto no ponto mais à frente do lado do

---

[42] Dürer refere-se à letra gótica *fraktur*, letra estreita e pontiaguda com fracturas nas linhas, que, a partir dos finais do século XV, inícios do XVI, pouco a pouco foi substituindo a *textura*. De notar que Dürer optou aqui pela utilização do tipo de letra mais antigo.
[43] *Aufrecht*. Ver nota 8.

quadrado, assim o quadrado inclinado fica, pelos seus cantos, a sair mais para fora à frente que atrás. Em seguida prolonga as linhas dos dois lados dos quadrados sobrepostos até ao quadrado inclinado. Em seguida faz em baixo da mesma maneira que em cima, colocando apenas o canto superior do quadrado no outro ponto, ou seja, no ponto mais para trás do lado inferior do quadrado, e baixa os dois lados dos quadrados que estão ao alto até ao quadrado inclinado, assim está feito o i., desenha em cima, com uma pena mais fina, uma pequena meia-lua.

Item faz o n. a partir de dois traços da letra i. de maneira que os seus cantos superior e inferior se toquem nos dois lados, assim o espaço entre os traços da letra fica mais estreito que a largura deles, mas agora não lhe faças em cima a meia-lua, e faz com igual dimensão todas as letras curtas[44] ao longo de todo o alfabeto.

Item faz o m. a partir de três traços tal como fizeste o n. a partir de dois.

Faz o r. como o i., coloca apenas em cima, para trás, um quadrado de igual medida que lhe toque com o canto.

---

[44] Por oposição a letra longa ou plena, a que ocupa todo o corpo do tipo, como o *q* ou o *p*.

Faz o r. também de uma outra maneira, em baixo deixa ficar o pé como antes, mas em cima coloca dois quadrados inclinados que, com os cantos sobrepostos, tocam a meio do traço direito[45] e prolonga para cima ambos os lados até ao quadrado.

Faz o u. de três maneiras diferentes[46], faz o primeiro simplesmente como o n., mas suprime, no traço posterior, o quadrado inclinado de cima, e em vez dele faz um traço oblíquo, de modo que as duas extremidades do traço fiquem assim: a posterior à mesma altura que tem o canto superior do quadrado do primeiro traço, mas a extremidade superior da frente à mesma altura que o canto mais próximo do lado de trás do traço anterior.

O outro v., que se utiliza no início das palavras, fá-lo do seguinte modo: faz o primeiro traço como o i. só que deslocando o canto inferior do quadrado do fundo mais para trás, de modo que o canto do quadrado mais à frente fique alinhado com o traço vertical. Em seguida faz a ligação ao outro traço posterior, mas divide o mesmo em baixo com um traço oblíquo que vai desde o canto inferior para trás até meio do quadrado que está debaixo dos três que estão sobrepostos.

---

[45] Haste. Ver nota 20.

[46] Dürer considera o *u*, o *v* e o *w* como três espécies diferentes da mesma letra *u*. No alfabeto latino apenas fez o *v*.

Em seguida faz o duplo w. como fizeste o v. simples, só que colocando à frente mais um traço do i.

Faz o b. como o outro v. simples[47], mas no traço da frente suprime o quadrado inclinado de cima e coloca mais outros três quadrados ao alto sobre os três de baixo, mas o sétimo corta-o em cima com uma diagonal traçada para a frente.

Item ao virares este b. de cima para baixo tens o q.

Faz o x. a partir do i., acrescenta-lhe em cima para trás um quadrado inclinado de igual medida e faz, em baixo, no quadrado inclinado, à frente, uma asna pontiaguda virada para a frente e no meio faz um traço grosso transversal através do traço vertical, cortado à frente e atrás por uma diagonal, o canto inferior da frente deve acabar a uma distância de meia espessura de traço a partir do traço vertical, e o canto superior deve tocar no traço, mas atrás em cima deve estender-se numa distância igual à espessura do traço até debaixo do canto inferior do quadrado inclinado de cima e corta-o com uma paralela à linha oblíqua da frente.

Faz o c. também a partir do i., mas suprime o quadrado inclinado de cima e prolonga as linhas laterais até ao cimo da letra e corta o canto da frente com

---

[47] Dürer refere-se à segunda maneira de fazer o *u*, ou seja, o *v*.

uma diagonal. Em seguida faz em cima, para trás, um traço grosso transversal numa distância igual ao traço da letra e corta-o com uma diagonal de modo que o comprimento da parte que sobressai seja em baixo metade do que é em cima.

Faz o traço vertical do e. igual ao do c., mas desenha, de cima para baixo, e para trás, um traço grosso, com o comprimento igual ao do quadrado e mais um terço, que parta da diagonal anterior formando ângulos iguais[48] e faz uma pequena linha oblíqua desde o canto inferior até ao traço vertical.

O t. será feito da mesma forma que o c., mas em cima, à frente, terá uma ponta que se faz prolongando a diagonal para lá do traço do t., e em baixo, no traço grosso, deve prolongar-se também uma ponta com a mesma medida que em cima virada para a frente e para fora, de forma que o t. em cima fique mais proporcionado do que o c. e não pareça tão curvado.

Faz o l. em baixo como o i., mas deve ter seis quadrados sobrepostos e o sétimo corta-o à frente com uma diagonal, assim a letra fica em cima com uma ponta virada para trás.

---

[48] *Gleychen wincklen*. Entenda-se ângulos rectos. Ver também letra *d* seguinte.

Faz o s.[49] como o l., desenha apenas no cimo um traço grosso transversal para trás, com o comprimento da diagonal, e corta-o atrás com uma paralela à diagonal da frente.

Faz o f. como o s., apenas acrescentando um traço grosso transversal, à altura das letras mais curtas, duas vezes mais comprido que largo e cortado à frente e atrás em diagonal, de maneira que a ponta do lado da frente[50], em baixo, saia meia espessura de traço e que os dois segmentos fiquem paralelos um ao outro.

Faz o primeiro traço do h. como fizeste o l. e faz o outro, no seu lugar atrás dele, em cima, como fizeste antes o i., mas no fundo, por baixo do quadrado inclinado inferior, completa o quarto quadrado ao alto e corta o quinto em baixo com uma diagonal.

Faz o primeiro traço do k. como o l. e junta-lhe, no lado direito[51], um quadrado inclinado e traça uma linha fina oblíqua que vá desde o canto inferior do quadrado já desenhado até ao traço vertical da

---

[49] Trata-se do s longo caído em desuso.

[50] *Forn*. Penso ser lapso de Dürer pois é a ponta do lado direito que está assim desenhada.

[51] No original *zur lincken seyten* (no lado esquerdo). Será engano de Dürer, uma vez que o quadrado está desenhado do lado direito da letra, lapso que foi corrigido na edição de 1532. De notar que é a única vez que Dürer não usa a palavra *vor* para indicar a direcção do traço.

frente, a partir daqui faz um traço grosso oblíquo e corta-o em baixo com uma diagonal de modo que o espaço entre as duas pontas inferiores da letra não seja maior do que o comprimento da diagonal de um quadrado.

Faz o d. na sua metade inferior como o b., mas em cima prolonga o traço da frente até à altura da letra e corta com uma diagonal o seu canto dianteiro, em seguida coloca ainda um meio quadrado sobre os três quadrados do traço posterior e faz de novo como em baixo e inclina o traço quebrado posterior para o canto do traço da frente e prolonga-o até ao fim do traço vertical dianteiro de modo que fique um pouco menor que três quadrados sobrepostos, depois no traço vertical da frente deves interceptar o traço quebrado em ângulo igual.

Faz o o., na parte de baixo, precisamente como o d. e faz a parte de cima igual à de baixo virada ao contrário.

Faz o traço anterior do p. como um l. invertido, mas o traço posterior como um i. vertical, porém não faças, em baixo, um quadrado inclinado, corta antes o traço com uma diagonal e faz em baixo um traço grosso transversal que se corta também à frente com uma diagonal cuja ponta ultrapassa a vertical numa meia largura de traço.

Item faz o a. na metade inferior como o n., mas corta o traço vertical anterior, em cima, no quadrado do meio, através de uma diagonal a partir do canto da frente, deixa ficar o traço posterior com os três quadrados sobrepostos e inclina a base oblíqua do quadrado de cima para trás de modo que juntamente com um outro meio quadrado aí acrescentado atinja a altura da letra e corta o quadrado de forma oblíqua de modo que a ponta inferior saia mais para fora que a superior então a partir daqui traça em volta um arco circular para a frente e para baixo de modo que na sua amplitude atinja o topo do traço da frente[52].

Faz o z. de três formas diferentes, na primeira[53] coloca no cimo um quadrado inclinado que deve atingir a altura da letra e coloca outro semelhante ao lado de modo a formar aí um quadrado prolongado[54] que se estenda para baixo e para trás. Em seguida põe um quadrado inclinado debaixo do quadrado superior de modo a deixar entre eles um espaço com o comprimento da diagonal, a partir daí

---

[52] Nas indicações do desenho desta letra *a*, Dürer utilizou sempre, e só neste caso, a palavra *Quadrat*.

[53] Segunda figura do esquema.

[54] *Uberlengte fierung*. Figura de quatro ângulos rectos, mas que não tem todos os lados iguais, ainda que o sejam os que estão opostos. É mais comprido que largo. Ver BLUTEAU, Raphael – *Vocabulário portuguez & latino*. Vol. VII. Lisboa: Na Officina de Pascoal da Sylva, 1720.

traça uma linha inclinada de um canto ao outro ou arredonda o traço até ao quadrado inferior, mas a partir do primeiro quadrado inferior referido descreve uma curvatura redonda para baixo e para trás através de duas linhas circulares que se devem estender até à base da letra e de modo a que a ponta fina esteja para a frente ou fá-lo[55] com três traços oblíquos sobrepostos e corta através dos traços uma diagonal inclinada para trás.

Faz o outro z.[56] colocando três quadrados inclinados sobrepostos e encurva o quadrado inferior com um traço redondo como fizeste antes.

No g. faz o primeiro traço em baixo como o i. e coloca debaixo um outro quadrado inclinado semelhante a tocar com o canto, mas na parte de cima prolonga o traço de modo a que a ponta posterior vá até à altura da letra e baixa a partir desta ponta uma diagonal até ao canto da frente do primeiro quadrado vertical que está sobreposto. Em seguida desenha o traço vertical posterior com o mesmo comprimento que o anterior e traça em baixo uma diagonal desde o canto inferior do quadrado inclinado até ao canto do traço posterior e baixa

---

[55] Terceira figura do esquema.
[56] Primeira figura do esquema.

o traço no interior de modo a formar uma ponta e depois completa também o quadrado inferior da frente com uma linha. Em seguida traça em cima, à altura da letra, e para trás, a partir do primeiro traço vertical, um traço grosso transversal que ultrapasse o segundo numa extensão igual à largura do traço e corta a extremidade posterior com uma linha oblíqua paralela à anterior.

Faz o y. como o n. apenas suprimindo em baixo o quadrado inclinado posterior e acrescenta outro quadrado ao alto debaixo dos três sobrepostos e corta o quinto do fundo com uma diagonal de forma a que a ponta fique para a frente, daí prolonga a diagonal com um traço fino com um comprimento igual ao do lado do quadrado.

Faz assim o s. curto: coloca no meio do comprimento da letra dois quadrados inclinados de forma que os seus cantos se toquem, a partir do quadrado da frente eleva um traço grosso até à altura da letra, a partir do quadrado posterior baixa um traço também, em cima e em baixo do mesmo modo que foi indicado para o i., e corta estes dois traços, em cima e em baixo, com diagonais de modo que ambas fiquem com as pontas no meio. Em seguida desenha dois traços grossos baixando um a partir da ponta de cima para trás e elevando o outro a partir da ponta de baixo para a frente com uma largura igual à do traço de cima e de baixo, mas de forma a não se prolongarem de ambos os lados mais que a largura dos traços grossos verticais. Em seguida traça uma diagonal desde o cimo na parte de trás até à frente em baixo e corta com ela ambos os traços grossos oblíquos e liga-a com um traço a ambos os quadrados no meio; desta maneira indiquei eu a seguir em branco com as linhas e em negro na sua ordem correcta.

Esta é pois, como disse antes, a maneira antiga, mas agora faz-se a textura mais livre e coloca-se o quadrado inclinado a meio dos lados dos quadrados ao alto, de modo que as linhas das letras não ficam tão encurvadas e juntam-se uns tracinhos que se fendem e colocam-se quatro quadrados e meio sobrepostos e deixa-se o espaço entre os traços com largura igual à espessura do traço da letra; desta maneira também indiquei eu a seguir e as versais pequenas que se costumam colocar nas palavras iniciais das linhas devem escrever-se uma terça parte mais altas do que as letras curtas.

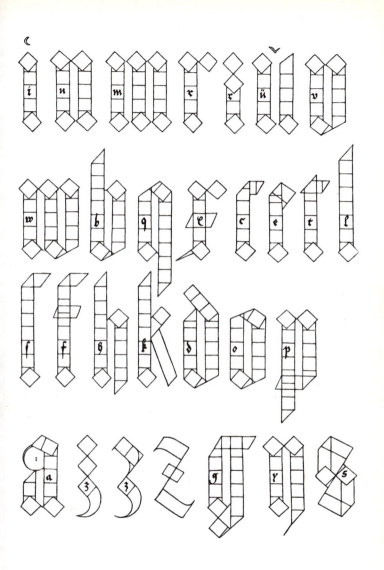

abcdefgh
iklmnop
qrilstuv
wrxyzʒʒz

Å Ƀ Č Ď Ė Ƒ Ǧ Ȟ
Ĭ Ĵ Ķ Ĺ Ṁ Ñ Ȯ P̊ R̊
Š S̈ Ť V̆ X̌ Ŷ Ž Ꝣ ❀

a b c d e f g h
i k l m n o p q
r ſ s t ŭ v w x
ň z